Michael Strunge
SPEED OF LIFE

Translated by Paul Russell Garrett

nordisk books

Published by Nordisk Books, 2021
www.nordiskbooks.com

© Michael Strunge & Borgen, Copenhagen 1978.
Published by agreement with Gyldendal Group Agency
This English translation copyright © Paul Russell Garrett, 2021
Foreword translated by Duncan J. Lewis

This translation has been published with the financial
support of the Danish Arts Foundation

Cover design © Nordisk Books

Printed and bound in Great Britain by Clays Ltd, Elcograf S.p.A.

A CIP catalogue record for this book is available from the British Library

ISBN 9781838074265
eBook ISBN 9781838074272

This book is sold subject to the condition that it shall not, by way of trade or otherwise, be lent, resold, hired out or otherwise circulated without the publisher's prior consent in any form of binding or cover other than that in which it is published and without a similar condition including this condition being imposed on the subsequent purchaser.

Danish Arts Foundation

Just give it time, time is a healer.

Time can stand still, especially in life's hardest moments. It can feel as if pain makes all the time in the world stand still while it slowly infiltrates our minds. The happiest, most delightful moments fly by in an instant. The irony of life is that the things we wish for our whole lives are over in a second, whilst those that weigh us down seem to last a lifetime.

The days have filled you with hours
of raging boredom
Parents have filled you
with tame security and revolting demands
Teachers have filled your brain
with repetitive facts
Employers have filled your face
with refusals of your self confidence
Newspapers have filled your soul
with fear of the future
And you are now fully eighteen
and have filled yourself with booze and noise.

REBEL, Michael Strunge (translated by Duncan J. Lewis)

Michael Strunge's words still ring true. The world gives birth all the time to more of us who cannot find a foothold, who feel they are outsiders and who still want to shout and scream, but who have lost their voice. But that voice has sounded. Strunge is still standing and both screaming and speaking for the misfits, the depressed, the rebels, the quiet and the raucous. Strunge's voice strikes a chord with a loneliness and impotence that most of us can recognise somewhere inside ourselves. He speaks not least for the young who carry the weight of previous generations' waste and idleness; a system which standardises your way of living and rations your time from the second you are born to the moment you depart. We are born, educated, work, save up (fall in love, maybe), have children, retire, die.

The words of the young carry no weight, no one listens. Their cries are ridiculed and explained away with hormones and inexperience. Swept aside with a comment about the young being no more than hopeless romantics and that dissatisfaction is a phase.

Their elders know best, but they have forgotten how it feels to be young. They have accepted the system's reality and rules and make sure that they continue to maintain the reality by which they themselves have been moulded. But young people dare to dream and see that world with fresh eyes until the standardised life beats it out of them and extinguishes that youthful rebellion.

Strunge's final cry was a shout in competition with the wind, but he still burns brightly today and when he took his own life, it became a manifestation of his eternal youth and eternal criticism of societal norms.

Michael Strunge beat a path for raw and unrefined self-expression. He started a movement which still creates ripples in the water and which has been a breeding ground for the fermentation of unique voices ever since. It has inspired many to walk their own road and to abandon, or, at least, comment on, oppressive regimes, because Strunge specifically never wrote to please others. On the contrary: he wrote without compromise and had in mind debate and the desire to change *something*.

Strunge could be understood sufficiently simply that anyone can grasp a clear dissatisfaction with the triviality in which one has perhaps allowed oneself to become enwrapped – 9 to 5, Monday to Friday. The weekend. Up again, to do it all again. He put words to many of the things we each fight with; whether it is an active or a passive fight, it's still a fight. Strunge put words to the minefield that the human psyche can be – how difficult it is to get time to make sense and how difficult and unreasonable life is, if it doesn't suit you.

We are now, as individuals, facing many of the problems that existed in the 1980s. A meaningless and emptiness which can be hard to put into words. It can be difficult to justify complaining when we, as Danish citizens, live in a welfare society with the state as a safety net.

We, in Rigmor, have inherited a language. A way to verbalise the things we have to battle with, through Michael Strunge's written words. When we decided in the beginning to set music to his poetry, we had no idea that it would be so defining for us as a band. It has shaped the sound, the aesthetic expression and our way of considering the world. Michael Strunge has brought us together as a band and given us a collective voice.

Time can fly, and it can stand completely still. Our lives can feel heavy and tired, or weightless and easy. Michael Strunge died in 1986 and in 2018 we in Rigmor adapted parts of his texts and found meaning in his expression. There lives in Strunge's poetry an eternal youth rebellion that we hope to be able to carry on.

Victor Sousa / RIGMOR
www.instagram.com/rigmormusik/

Livets hastighed

Knuser uret
med mine tanker
- jeg lever kun
med livets hastighed

Skifter hurtigt
til ny forklædning
- jeg behøver forandringer
med livets hastighed

Danner kontrast
behøver ingen camouflage
- død og træt af
ikke at være mig selv

Skifter farve
anarkistisk kamæleon
- kaster masken
ændrer leveform

Mit sind
gror ud af mit hoved
- skiftede sind
efter at have været død

Endelig
det lader til at jeg ved nu
- at jeg ikke har
et uforgængeligt selv

Speed of life

Shatter the clock
with my thoughts
– I only live
at the speed of life

Quickly don
a new disguise
– I need changes
at the speed of life

Form a contrast
no camouflage required
– sick and tired
of not being myself

Change colour
anarchist chameleon
– drop the mask
change my way of life

My mind
grows out of my head
– changed my mind
after being dead

Finally
it seems I now know
– I don't have
an imperishable self

Hvem ved
ved hvad ens selv er lig?
- jeg er ligeglad
skaber selv mit selv

Skifter fart
jeg har brug for fartskift
- jeg ændrer mit liv
før det ændrer mig

Who knows
knows one's true self?
– I don't care
create my own self

Change pace
I need a change of pace
– change my life
before it changes me

Tid og rum

Vi vidste at tiden ikke eksisterer
kun bevægelsen
og derfor stivnede vi i kysset
så det blev evigt

Vi vidste at rum ikke eksisterer
kun tanken om det
og derfor overlevede vor kærlighed
på tværs af stjerner

Time and space

We knew time does not exist
only movement
so we froze in the kiss
to seal it for eternity

We knew space does not exist
only the idea
so our love survived
across the stars

Verdensbillede

Og du taler
med tusinde billeder i dine øjne
bringer mig væk fra her til der
hvor vi bare kunne være uden ord
men med tusinde billeder i hinandens øjne
aldrig før sete
altid nye muligheder
i modets og den stille stædigheds tid.
Vi ville skabe vor egen verden
et bjerg af lava og is og jord
der kunne gennembryde og besætte
hele »den virkelige verden«
og gøre den ny
og gøre den vor
i tusinde billeder
i dine øjnes ubrydelige diamant og tavse himmelstræben.

World view

And you speak
with a thousand pictures in your eyes
transporting me from here to there
where we could just be without words
with a thousand pictures in each other's eyes
never before seen
always new possibilities
in a time of courage and quiet constancy.
We would build our own world
a mountain of lava and ice and earth
that could burst through and occupy
'the real world'
and make it new
and make it ours
in a thousand pictures
in the unbreakable diamond of your silent soaring eyes.

Hverdage

At åbne hverdagene
gøre dem til grønne planter
der vokser vildt gennem alle uger
- eller bølger
der skyller uventet ind over os
med muslinger, fisk, koraller, søstjerner
- gøre dem til stjerner
med en lys og fjern fortrolighed
og sikkerhed,
(lysende blå og røde sole
formet af vore hænder
da vi tilfældigt svævede forbi
                de store tåger af lysende støv
og øjnede en håndfuld.)

Trods nattens kulde
havets dybde
og jordens sorthed.

Med vand og askegødning
med vilde storme
og nætter i frost.

At åbne hverdagene
med solens lys.
Det der skinner på jorden og havet
og glider bort om natten.

Weekdays

Open the weekdays
turn them into green plants
that grow wild week in week out
– or waves
unexpectedly washing over us
with fish, coral, mussels, starfish
– turn them into stars
with a bright and distant familiarity
and certainty,
(suns shining red and blue
shaped by our hands
when we chanced to drift past
                the great haze of shining dust
and glimpsed a handful.)

Despite the cold night
the deep sea
and the black earth.

With water and wood
with wild storms
and nights of frost.

Open the weekdays
with the sun's light.
Which shines on earth and sea
and slips away at night.

Vort rum

Vore møbler har udtømt vort livsrums muligheder
for nye forandrende placeringer...
Stilheden har sænket sig over det mønstrede tæppe
og vore skridt ekkoer fortabende sig
med en alt for kendt lyd mod væggene.

Men se!
Vi åbner skabene og forlængst glemte forklædninger
                                                  dukker op.
Spraglede identiteter og ungdommelige kostumer
giver sig til kende
i nye kombinationer med roller
hvis handlingsmønstre troet forældede
finder ny værdighed i deres afstemte farvespil.
Livsstile genopfriskes
og forkynder den genfundne ungdom
med overbevisende mimik.
Nu er vi selv det forandrede!

Spejlene vender sig beskæmmede bort
mens vi ser os
i hinandens begejstrede øjne.
Først nu kan jeg se dig som dig selv
i denne beklædnings beretning
om oprindelighed og tider ukendte for mig
og lykkeligt genkendte for dig.

Dette er den sande forandring!:
At bruge det forlængst forladte
smagfuldt i nye tidsrum.

Our space

Our furniture has exhausted our living space of options
for new and changing arrangements...
Silence has descended on the patterned carpet
and with an all too familiar sound
our fading footsteps echo against the walls.

But look!
We open the wardrobes and disguises long forgotten

                                              appear.

Motley identities and youthful costumes
reveal themselves
in new combinations with roles
whose action patterns thought to be outdated
find new dignity in their matching iridescence.
Lifestyles are revived
proclaiming this rediscovered youth
with convincing mimicry.
Now it is we who are changed!

The mirrors turn away in shame
as we hold
each other's enraptured gaze.
Only now can I see you as yourself
in the tale these clothes tell
of originality and times unfamiliar to me
and happily familiar to you.

This is the true change!
Tastefully using
what was long forsaken
in new times.

Vi

Trods deres opløsning af os i billeder
og deres dissekering
af ord, smil og øjne
i katalogiserede kategorier
kan jeg stadig se dine øjne
som de er bag beskrivelsen af dem.

Og de ser på mig
og taler om at vi bare er os.
Det er det:

Vi er os
på trods af at adskillige ting og begivenheder
har haft indflydelse på vor måde at se på
(som det vi har fået pålæst
er blevet skrevet os bag ørerne
som var det vore egne tanker!)

Men vi er os og vore øjne ser os og ved det
og de taler om os og det vi ved
og ørerne hører det og véd øjnene
kender øjnene
som vi kender os.

Jeg kender dig
jeg føler dig, du
du og jeg
jeg er dig vi er vor hinanden.

We

Despite dissolving us into pictures
and dissecting
words, smiles and eyes
into catalogued categories
I can still see your eyes
as they are behind the description of them.

And they look at me
and say that we are simply us.
That's it:

We are us
despite the many things and many events
that have influenced the way we see
(like what we've read
is lodged in our minds
as if it were our own thoughts!)

But we are us and our eyes see us and know
and they talk about us and what we know
and the ears hear it and know that the eyes
know the eyes
the way we know ourselves.

I know you
I feel you, you
you and I
I am you we're our one another.

Til Angie I-VIII

I · Os

Dine fra mig adskilte tider og oplevelser af skønhed
i grønne haver i blomstring før denne...
genset i billeders ansigter seende, gennem måneder, år...
Mine fra dig adskilte rum og rejser før dette
af og i ørkener med sand
så smukt som glas
så gult som solen

Vore øjne og smil
vore kroppes længsel
vore sinds vakuum før os.
Alt dette opfyldes og harmoniserer her
som byens lys til himlens sorte loft til horisontens
                                          smukke cirkel
når vi holder om hinandens vores liv
og svæver inde i et rundt sekunds tryghed

To Angie I-VIII

I · Us

Your times and experiences of beauty separate from me
in green gardens in bloom before this...
seen again in faces staring out of pictures, through months, years...
My spaces and journeys separate from you before this
of and in deserts with sand
as beautiful as glass
as yellow as the sun

Our eyes and smiles
our bodies' longing
our minds' vacuum before us.
All this is filled and harmonises here
like the city lights with the sky's black ceiling to the horizon's
                                                                                   beautiful circle
when we embrace each other for life
floating in the comfort of a complete second

II · Vor

Vor kærlighed, et svævende digt
af formfuldendt formløshed
hvor ingen regler binder vores hænder
når de søger vore kroppes sind
hvor vi bliver én i ønsket om at rumme og rummes
og én bliver to i begæret efter hinanden
hvor ingen uklar tåge forhindrer vore øjne
når de søger vore sinds kroppe
hvor vi bliver én i ønsket om hinanden
og jeg/du bliver to i ønsket om at rummes og rumme
hvor intet kaos forvrænger vore følelsers tanker
når de søger vore følelsers tanker
hvor vi bliver os i ønsket om at rumme og rummes
                                          af hinanden
hvor kærlighed bliver et digt.

II · *Our*

Our love, a floating poem
of flawless formlessness
no rules to bind our hands
when they seek our bodies' minds
we become one in the desire to contain and be contained
and one becomes two in our longing for each other
no hazy fog to obstruct our eyes
when they seek our minds' bodies
we become one in our desire for each other
and I/you become two in our desire to be contained and to contain
no chaos to distort our feelings' thoughts
when they seek our feelings' thoughts
we become us in our desire to contain and be contained
                                                by each other
where love becomes a poem.

III · Vær min kamæleon

Vær min kamæleon, min elskede søster
skift farver efter din egen vilje.
En modig kamæleon, min egen
camoufler dig ikke.
Vær mit livs kontrast
stå i modsætning til linien
der ligger foran os
og gerne vil pege os af sted.

Se med dine store øjne
hvordan jeg hele tiden skifter farve for dig, min øgle
så grim og smuk.

Vi danner harmoniske kontraster
(når jeg er blå
- vil du ikke være gul?)
der hele tiden changerer
i alle kombinationer af toner
og bliver musik.
Din tunge spiller -
skræm mine identitetskriser og identiteter
der svirrer rundt om mig
og jeg vil skræmme dine!

III · *Be my chameleon*

Be my chameleon, dear sister
change colour of your own volition
A brave chameleon, my own
won't camouflage you.
Be my life's contrast
stand contrary to the line
that is before us
trying to send us off.

Look with your big eyes
how I keep changing colour for you, my lizard
so ugly and beautiful.

We form harmonic contrasts
(when I am blue
 – won't you be yellow?)
shimmering constantly
in every combination of tones
and becoming music.
You flick your tongue –
scare the identities and identity crises
swirling around me
and I'll scare yours!

IV · Satellit

Glødende gråblåt
øjner dit syn
vor fælles vision af viden
som fødes mellem vore pupillers entydige sorthed
hvor alt er det samme
for dig og for mig
når vi ser det dybeste i hinanden
sortrundt i iris' ringe
igennem øjenvæske til synets fremkaldelse
af nye frugtbare lande.

Jeg vil være din satellit
opfange alle signaler
og omdanne dem til billedskrift
hver gang dine elektriske øjne
udsender glimt, smiler, tæt på
græder, skuer dybt langt væk.

Alt vil jeg opfange, min egen planet
når jeg svæver omkring din krop
og opfanger alle signaler
fra alle dine øjne:
ører, bryster, mund og skød.

Alt vil jeg opfange og kalde frem
og studere og kæle for
og analysere og kysse.

IV · Satellite

Glowing greyish blue
your eyes glimpse
our shared vision of knowledge
born between the unambiguous blackness of our pupils
where everything's the same
for you and me
when we see what's deepest in each other
black and round inside the iris rings
through ocular fluid to where the vision develops
new and fertile lands.

I'll be your satellite
intercepting every signal
and converting them to pictograms
each time your electric eyes
flash, smile, close to
crying, seeing far, far away.

I'll intercept everything, my planet
as I float around your body
intercepting every signal
from all your eyes:
ears, mouth, breasts and sex.

I'll intercept everything
and recall and study and caress
and analyse and kiss.

Er det sandt, er det muligt, min elskede
er du min egen planet?
Ja, svarer du og puster lidt atmosfære i øret på mig
så hele din sjæl følger med
og dine øjne slår gnister
og havet skælver
og dit venusbjerg går i glædesudbrud.

Solopgange finder sted
ørkenstorme flytter sandet
og i et land står et lille barn
og spiser af den nyhøstede frugt.

Is it true, can it be, my love
that you are my very own planet?
Yes, you answer, blowing a little atmosphere in my ear
so your entire soul follows
and your eyes spark
and the sea quakes
and your mount of Venus erupts with joy.
Suns rise
desert storms shift sand
and somewhere a small child stands
eating the freshly harvested fruit.

V · Skønhed

Jeg tager mig ikke af billedernes påståede slid
jeg vil ikke
og jeg kan ikke
tage mig væk fra skønheden
når den er sand for mig
for skønheden finder jeg overalt
i byen, i skoven, i ørkenen.

Intet kan fratage mig skønheden
når den er træets celler
eller lysets udsagn om elektroner
så hurtige som mine rygmarvssignaler til hjernen
når jeg ser dig fuld af glæde eller angst.

Ingen kan...
selv ikke du.
Jeg nægter at lukke øjnene
når illusionerne opløses af tårer
og afslører skønheden i det afpillede kranium,
den udbombede by eller den brændende skov...
Ingen kan fjerne beviserne
ingen kan fjerne al sandet og støvet.

Ingen kan aftage din skønhed
den er alt for stor, fylder mine øjne.
At beskrive den ville være
at gå rundt om jorden ved ækvator
og tro at hvert skridt kunne give
det fuldstændige billede af verdenssituationen.

V · Beauty

I see past the increasing wear on the pictures
I won't
and I can't
tear myself away from beauty
when it's true for me
for I find beauty everywhere
in the city, in the forest, in the desert.

Nothing can deprive me of beauty
whether it's the tree's cells
or light's statement on electrons
fast as the spinal cord signals my brain
when I see you full of joy or dread.

No one can...
not even you.
I refuse to shut my eyes
when illusions are dissolved by tears
revealing beauty in the emaciated cranium,
the bombed-out city or the burning woods...
No one can remove the evidence
no one can remove all the sand and dust.

No one can diminish your beauty
it's far too great, it fills my eyes.
To describe it would be
to walk around the Earth at the equator
believing that each step could capture
the state of the entire world.

Elskede, jeg ved at det kun er beviset
for skønhedens opløsning og fuldstændiggørelse
når farvernes glans uden tøven
modigt og selvfølgeligt forlader lærredet
negligerende de kunstige rammer
og går ud i verden, i en rus af træthed og søgen
i virkelighedens byer og skove
som sandskorn flyttet af vinden.
Skønheden er forandringen.

Elskede, jeg bygger ingen rammer om dig
dit billede er overalt
dine øjnes sikre seen
fortættes hele tiden til tårer
når du græder eller ler
og intet skjules af dig
din skønhed er erkendelsen
af solens beretning
om altings forandrede og forandrende berettigelse.

My love, I know it's only proof
of beauty's dissolution and completion
when without a moment's hesitation
the lustre bravely quits the canvas
disregarding the artificial frames
going out into the world in a frenzy of fatigue and searching
into the cities and forests of reality
like grains of sand caught by the wind.
Beauty is change.

My love, I put no frames around you
your picture is all around
your eyes' steady gaze
constantly condensed to tears
when you laugh or cry
you conceal nothing
your beauty is acknowledgement
of the sun's account
of the changed and changing legitimacy of everything.

VI · *Anelser, sovende*

Hvorfor er dine øjne så hemmelighedsfulde som midnatssolens lys? Det svage genskin i dit snesmil afslører ingenting. Kulde.

    Du ved jeg holder af dig som solen. Jeg tror på hvert eneste af dine græsstrå. Så smukke og beskedent hårdføre. Grøn styrke, proviant for mig når jeg er alene i ødemarken. Men under alt det hvide. Jeg ser mig sneblind om efter det skjulte, hemmelige. Er det dyb is som på Nordpolens udsagn om ensomhed eller er dybden set fra Kilimanjaros klare tropetrods: Varm frugtbarhed? Skjuler de midlertidige krystaller kun min fantasi?

    Jeg anstrenger mit syn i tusmørkets stumhed. Selv skyerne synes at skjule andet end blot himlen!

    Og bag bjergene...
Er det foråret eller min egen jalousi? Eller er det den usagte, blufærdige kæmpe dimension af din kærlighed til mig? Som tøver bag dem, glødende, bange for at smelte også bjerget som vi skabte.

    Jeg holder mere og mere af dig. Nu ser jeg det mens du sover: Din profil, hvid og buet af uskyld og oprindelighed. Diskrete ansamlinger af sne i husets skygge! Smilet på dine græssaftige læber. Du tænker jo bare på mig.

VI · *Notions, sleeping*

Why are your eyes as secretive as the light of the midnight sun? Nothing is revealed by the faint reflection of your snow-smile. Cold.

You know I love you like the sun. I believe in your every blade of grass. So beautiful and unassumingly hardy. Green strength. Your provisions for when I'm alone in the wilderness. But beneath all the whiteness. Snow-blind I look around in search of what is hidden, what is secret. Deep ice like the North Pole's statement of solitude, or the depth seen from Kilimanjaro's tropical defiance: hot fertility? Are the temporary crystals only concealing my fantasy?

I strain my eyes through twilight's muteness. Even clouds seem to conceal more than just the sky!

And behind the mountains...

Is it the springtime or my jealousy? Or is it the unspoken, shy gigantic dimension of your love for me? Hesitating behind them, glowing, afraid of melting the mountain we created.

I love you more and more. Now I see it while you sleep: your profile, white and curved with innocence and originality. Discrete accumulations of snow in the shadow of the house! The smile on your lush grassy lips. You are only thinking of me, after all.

VII · Luxus

Hvis dine øjne lyser hovmodigt
på min bekendelse
og dine pupiller et øjeblik
røber en fjern og frydefuld hån,
en lysstråles nålestik i maven,
så er du min største plage og luxus.

Du vender mig ryggen
og jeg læser i den kun mystiske, bizarre tegn
grove fordømmelser på fjerne sprog,
en tænkt tropisk hede
med smukke og farlige blomster
der skjuler insekters snylten,
vingede hieroglyffer
ædende papyrus
opbyggende en mur af uforståelighed
med afvisende skuldre
og tavst, glat hår.
Min største plage og luxus.

Jeg ønsker at vide
dit inderste mørke rum
men jeg kender ikke vejen
gennem dine lange gange
kun oplyst af forførende sang
blandt disse beskrevne vægge
som jeg hele tiden tyder
kun for at finde nye selvmodsigende udsagn.
Jeg forstår intet:
Hvordan din krops skønhed?
Hvordan denne dybde?

VII · Luxury

If your eyes shine haughtily
at my confession
and for a moment your pupils
betray a distant and joyful disdain,
a ray of light's pinprick in the stomach,
then you are my greatest torment and my greatest luxury.

You turn your back on me
and in that I read only bizarre, mysterious signs
coarse condemnations in distant languages,
an imagined tropical heat,
beautiful and dangerous flowers
concealing insects' parasitisic processes,
winged hieroglyphs
devouring papyrus
building a wall of unintelligibility
with dismissive shoulders
and smooth, silent hair.
My greatest torment and my greatest luxury.

I want to know
your innermost dark space
but I don't know the way
through your long corridors
illuminated only by seductive singing
between these inscribed walls
that I'm constantly deciphering
finding only new contradictory statements.
I understand nothing:
Wherefore your body's beauty?
Wherefore this depth?

Alene dine øjne.
Udtrykket...

Tør jeg forstå det
er jeg ikke et rystende vrag
oplyst af angst
dybt i mit eget rum
som jeg ikke kender
skønt jeg altid har kendt det
og søgt tilflugt dér?

Og du svarer mig ikke
men dine læber skærer et smil i dit ansigt.
Min største smerte og luxus.

Your eyes alone.
That expression...

Dare I understand it
am I not a trembling wreck
illuminated by fear
deep in my own space
which I don't really know
though I've always known it
and sought refuge there?

You don't answer me
but your lips carve a smile on your face.
My greatest pain and my greatest luxury.

VIII · Efter jalousi: Kærlighedserklæring

I. Du ved jeg brænder for dig.
    Af og til for meget
    så mit glødende syn ser skygger
    af ting som ikke er.

    Selv blomster trænger til mørke
    - lad os derfor også elske i de kølige nætter...
    Vi vågner udhvilede om morgenen
    i de blå skyggers svalende dug
    - styrkede til dagens ægte lys...

II. Lyset danner skygger
    og nogle vil søge at opsluge os
    og køle os ned i én stor, ensartet flade.
    Men elskede, vi lyser sammen
    og ser os som vi er.
    Deres øjnes blitz kan ikke gengive os...
    Deres billeder har fire sider...
    Vi tilføjer den ekstra dimension
    den som er vor kærlighed
    og samler styrke i de glødende nætter.

VIII · After jealousy:
Declaration of love

I. You know I burn with love for you.
Sometimes too much
so that my glowing gaze sees shadows
of things not there.

Even flowers need darkness
– so let's make love on the chilly nights too...
We wake up refreshed in the morning
in the cooling dew of the blue shadows
– invigorated for the day's true light...

II. The light forms shadows
and some will seek to engulf us
cooling us down into one great, homogeneous expanse.
But my love, we shine together
seeing ourselves as we are.
The flashing of their eyes cannot capture us...
Their pictures have four sides...
We add an extra dimension
- our love
gathering strength in the glowing nights.

Morgen

I. Morgenen
står op over horisonten
og vækker os begge med sit lys på tælling.
Den lovede ellers at lade mig sove med natten
men gav os ikke et minut af tabellen.

II. Aldrig havde jeg troet, at himlen kunne være så blå
på denne måde, med denne dybde, azur
bideklar som blød sæbe.
Det er for smukt, der ligger noget bag
og jeg lader gardinet falde på plads igen
mig kan naturen ikke narre
det her må den have set på film
mig kan den ikke friste
jeg ved, at den kun kan klare det der imitationstrick
i et par timer endnu.
I morgen er der atter en morgen
og så vil jeg sidde og vente på himlen
og overraske den, når den tror sig uset og tager
                      sin forklædning på.

Og så vil jeg stirre vidende på den
til den blegnende bekender sit bedrag
- den kan ikke klare både mig og solen.

III. Allerede før den kom hertil, havde jeg set tågen
da som venligtgrå disede totte
der omkransede husene og længere inde København
som et fjernt eventyrslot
og solen diskret rødlig bag de tøvende skyer
med himlens fjerne blåhed etc.

Morning

I.   The morning
rises above the horizon
its light waking us both on command.
It otherwise promised to let me sleep with the night
but didn't give us a minute of its schedule.

II.   Never had I thought the sky could be this blue,
in such a way, with such depth, azure
crystal-clear like soft soap.
It's too beautiful, there's something behind it
and I let the curtain fall back into place
nature can't fool me
it must have seen this in a movie
it can't tempt me
I know it can only manage this imitation trick
for a couple more hours.
Tomorrow is another morning
I'll sit waiting for the sky
surprise it, when it thinks it's unseen and dons
                                     its disguise.

And then I'll stare knowingly at it
until fading, it acknowledges its deceit
– it can't manage both me and the sun.

III.   Even before it arrived, I'd seen the fog
as friendly grey hazy tufts
enveloped the houses and on into Copenhagen
like a distant fairytale castle
and the sun a discreet red behind reluctant clouds
with the sky's distant blue etc

Men nu havde den besat alt
og sænket sig som en sygdom over byen
og endnu ved jeg ikke
om den nogensinde vil slippe os fri.

But now it had occupied everything
and descended on the city like a sickness
and I still don't know
if it will ever let us go.

Støv

Jeg svæver gennem dagenes tåge
mellem nattens spredte lys
rammer kun tilværelsen af og til
i indbyrdes uafhængige sammenstød
som i drøm eller fantasi:
Kun få hændelser skiller sig ud
ingen fortrydelser inddampes af tågen
hvorigennem jeg svæver.

Begivenhederne passerer bare forbi
og lyser i sekunder
mens jeg registrerer dem
- i forhold til universet er de ligegyldige
enkelte bemærker jeg dog særligt
de kan måle sig med stjerner.
Jeg fortryder intet.

(Intet er det ugjorte
som kunne være blevet stjerner!)

Dust

I drift through days of fog
between the scattered light of night
only occasionally encountering existence
in mutually independent collisions
like in a dream or in a fantasy:
Only a few incidents stand out
no regrets are erased by the fog
through which I drift.

The events simply pass by
shining for a few seconds
as I observe them
– in comparison to the universe they're inconsequential
a few in particular, though, I notice
which can measure up to stars.
I regret nothing.

(Nothing is the undone
that could have become stars!)

Fjernere

Endnu fjernere vil jeg
men tro mig, når jeg med min ryg svindende bort
prøver at råbe at det ikke er en flugt.

Jeg søger fjernhedens opløsning
for at finde nærheden i alting
og ikke blot i et øjes glimt
eller i stemmens farve.
I tusinde billeder og farver
som når et barn eller en gammel
pludselig fortaber sig i selvet
midt i verdens fortabelse
og et øjebliks hvidhed
sænker sig over universet!

Således vil jeg være nær
i fjernheden som høres
særlig om natten
når tingene taler længe og sørgmodigt
om dengang de var noget andet
noget større og mindre og smukkere
i en selvfølgelig fjern hverdags hvidhed.
Så er det at det synes nærmere
i et indtrængende kor af stemmer
indtil morgenens lys afslører
forvirringen og tavsheden overalt.

Farther

I want to go even farther
but believe me, when with my back fading
I try to shout that it's not an escape.

I seek the dissolution of distance
to find closeness in everything
and not just in the twinkle of an eye
or in the colour of the voice.
In a thousand pictures and colours,
like when a child or an old person
suddenly lose themselves
in the midst of the world's forfeiture
and a moment of whiteness
descends on the universe!

Thus I want to be close
in the distance that is heard
especially at night
when things speak at length and with sadness
of when they were something else
something bigger and smaller and more beautiful
in an obviously distant everyday whiteness.
So that it seems closer
in a piercing chorus of voices
until the morning light reveals
the confusion and the silence everywhere.

Forfald

Det er ikke det du ser
i den årlige cannabisrus' selvoptagede grønhed
hvor utallige ord snubler gennem tid og rum
og med sløret stemme forkynder
en sandhed af en rus' varighed
midt i skønhedens stumme univers.
Alle har været unge.

Det er ikke kroppens manglende pleje
eller sjælens charmerende længsel efter død og jord
heller ikke tankens ældgamle ideer om altings tomhed.
Alderdom og død kommer til alle.

Det er ikke når mundens grav åbner sig
og sender materiedryppende sætninger ud
som automatiske elektriske signaler
hver gang øret sanser dagens
(for andre så smukke)
klarhed mellem øjenpar.
Ensomhed er kendt af alle.

Det er heller ikke driften
mod nattens sortkolde tæppe
eller racer smukkere end os.
Alle har kendt livets tristhed.

Decay

That's not what you see
in the self-centred green of the annual cannabis high
with countless words stumbling through time and space
with a veiled voice proclaiming
the truth of a high's duration
amid beauty's mute universe.
Everyone has been young.

It's not the body's lack of care
or the soul's charming yearning for death and soil
or the mind's age-old ideas about the emptiness of everything.
Old age and death come for everyone.

It's not when the grave of the mouth opens
secreting suppurating sentences
like automatic electrical signals
whenever the ear senses the day's
(for others so beautiful)
clarity between a pair of eyes.
Everyone knows loneliness.

Nor is it the pull
towards the cold black blanket of night
or races more beautiful than us.
Everyone has known life's sadness.

Forfaldet læser du i de
(som morgenhimlens kulde om vinteren
og havets tyngde over druknede)
dybblå skygger omkring øjnene
når de ser på dig fra digtets selvmodsigelser
mellem den røde ilds nihilisme
og røgens stillegrå søgen mod himlen
og fortæller om nætter besat
af inspirationens gale hund.

You read the decay
(like the cold of the morning winter sky
and the sea weighing on the drowned)
in the dark-blue shadows around the eyes
when they look at you from the contradictions of the poem
between the fire's red nihilism
and the smoke's quiet grey quest for the sky
telling of nights possessed
by the mad dog of inspiration.

Det er ved at komme igen

Det er ved at komme igen
som det kommer hvert år ved denne tid
jeg kan mærke det
jeg sover ikke mere
og denne morgen er lyset skarpt
og alting skærer og ligner glas der knaser
og alting synes at staves med s
skarpt skin i solens stråler
hvidtlysende træthed
smertende øjne
og sviende gennemsigtighed.

Det er ved at komme igen
som det kommer hvert år ved denne tid
jeg kan se det
i deres øjne
i toget
jeg kan se det
på deres kroppe
der bevæger sig
som efter en djævelsk plan.
Men det er også min skyld
der er ikke noget at gøre
jeg kan høre det
i det de siger
mumlende meddelelser med skjulte budskaber
angående mig
morgenfolkets mørke munde
deres tunge tanker.

It's coming again

It's coming again
like it does every year at this time
I can feel it
I no longer sleep
and the light is sharp this morning
and everything cuts and looks like crunching glass
and everything seems to start with s
sharp shining in the sunlight
luminous white weariness
aching eyes
and stinging transparency.

It's coming again
like it does every year at this time
I can see it
in their eyes
on the train
I can see it
on their bodies
which are moving
according to a diabolical plan.
But it's my fault too
there's nothing to be done
I can hear it
in the words they speak
mumbling secret messages
about me
the morning people's dark mouths
their heavy thoughts.

Det er ved at komme igen
som det kommer hvert år ved denne tid
pludselig er jeg her
og ved at det er for sent
det var jo min egen skyld
det var det lille punkt inde fra mig
der voksede bag mine øjne
og nu er blevet alt det sorte
i deres ansigter
i farverne
så tungt over alt
jeg kan ikke bevæge mig
og der er så meget jeg skal nå at gøre godt igen
men intet kommer ud
jeg er så tom
må ikke være til
jeg ved det godt
det var min egen skyld.

Det er ved at komme
jeg synker ind i væggen
i mørkets tryghed.
Et punktum. Igen.

It's coming again
like it does every year at this time
suddenly I'm here
and know it's too late
it was my fault after all
it was that small point within me
growing behind my eyes
that has now become all the blackness
on their faces
in the colours
weighing on everything
I can't move
and there's so much I have to try to set right
but nothing comes out
I'm so empty
can't exist
I know
it was my own fault.

It's coming
I sink into the wall
into the safety of darkness.
That point. Again.

Værelset

Væggen læner sig ud gennem min ryg
og gør værelset mindre end før.
Jeg tager mig sammen
og skubber den tilbage.
Bliv der siger jeg
endnu vil jeg leve.

Men jeg slukker hurtigt lyset igen
- selv skyggerne var for tung en vægt...

The Bedroom

The wall leans through my back
making the room smaller than before.
I pull myself together
and push it back.
Stay there, I say
I still want to live.

But I quickly switch off the light again
– even the shadows were too great a burden...

En cigaret mens solen står op

Drages mod døden
som gløden
i cigaretten mod lungerne med åndedraget

drages mod solopgangen
som gløden
i solen mod himlen

svinder hen
som røgen
fra tobakken bliver tynd
svinder hen
som solens stråler
bliver lys
som før var rødmen på himlen

ældes langsomt
det ses i håndens årer
som træder tydeligere frem end før

cigaretten bliver kortere
som tobakken forbrændes
bliver til aske og røg
ældes som solens stråler
som sent om aftenen rødmer på himlen
og bliver matte

A cigarette while the sun rises

Drawn towards death
like the glow
of the cigarette towards the lungs when breathing

drawn towards the sunrise
like the glow
of the sun towards the sky

waning
as the smoke
from the tobacco thins
waning
as the sun's rays
grow light
which before were the reddening of the sky

slowly growing old
it shows in the veins of the hand
which are more pronounced than before

the cigarette gets shorter
as the tobacco burns
becoming ash and smoke
aging like the sun's rays
which redden in the sky in the late eve
growing lustreless

dør
som cigaretten slukkes
dør
som solen går ned
dør
bliver aske og mørke

varer kun kort
som en cigaret
varer kun kort
som en dag

fødes, tændes, står op
lever, forbrændes, gløder
dør, slukkes, går ned
bag horisonten
- hvorover kun en svag rødmen
skimtes på de blege skyer.

dies
as the cigarette goes out
dies
as the sun goes down
dies
becomes ash and darkness

lasts only a moment
like a cigarette
lasts only a moment
like a day

is born, is lit, rises
lives, burns, glows
dies, goes out, goes down
behind the horizon
– above which only a faint reddening
is glimpsed in the pale clouds.

Svagt blå

Denne tidlige morgen ved jeg
at den kommende dag, måske
vil blive den lykkeligste i mit liv.
Min spænding har afladt omgivelserne
og alting synes så neutralt og objektivt
- eller netop fyldt med intens koncentration.
Det er svært at afgøre...

Himlen er svagt blå
samme farve som min blyant.
Det er køligt her hvor det er ved at blive dag.
Afgørelsen ligger 11-12 timer fremme
og alle eventuelle udfald
har jeg allerede gennemgået i tankerne.

Træt af at tænke
lader jeg min sjæl løbe ud i blyanten og himlen og
                                                luften...

Dér er jeg nu
svagt blå, køligt og objektivt
- eller netop fyldt med intens koncentration.
Det er svært at afgøre...

Svagt blå...

Pale blue

On this early morning I know
that the coming day might
be the happiest of my life.
My excitement has drained the surroundings
and everything seems so neutral and objective
– or on the contrary, filled with intense concentration.
It's difficult to decide...

The sky is pale blue
the same colour as my pencil.
It's cool here as day arrives.
The decision is 11-12 hours out
and I've already gone through
every possible outcome in my mind.

Tired of thinking
I let my soul flow into the pencil and the sky and
                                          the air...

I'm there now
cool, pale blue and objective
– or on the contrary, filled with intense concentration.
It's difficult to decide...

Pale blue...

Blodlængsel. My brittle angel. Efterår

Dette vakuum
suger mine tanker og følelser ud
tværs gennem væggen til dig.

Du skaber det uden viden
om at det trækker blodet og hjernecellerne mod
                                         hudens inderside
i et prikkende stormflodsløb
mod dig og stjernerne.

Vil du da se mit blod bryde igennem
som tankerne?
Ønsker du ubevidst at bade dig i det?
At se himlen rød
over min længsels horisont?
Ønsker du at se mit lys gå ned
så kun nattens sorthed er tilbage
isprængt stjernernes røde skrig?

Kommer du selv *her*
eller skal jeg gå gennem uret og væggen
til dig?
Inden jeg selv forløser dit ubevidste ønske om slagteri.

Skal jeg opfylde dig
og gå helt ind bag din hud
før du erkender det
idet blodet blandes til en evig ildstrøm
der skal antænde vor fælles himmel
til en i denne krop historisk solopgang?

Blood-longing. My brittle angel. Autumn

This vacuum
sucks my thoughts and feelings
right through the wall to you.

You do it without realising
it's drawing my blood and brain cells towards

                              the inside of my skin

in a tingling flood
towards you and the stars

Do you want to see my blood break through
like thoughts?
Do you unconsciously want to bathe in it?
See the sky red
above the horizon of my longing?
Do you want to see my light go down
so that only the black of night remains
interspersed with the stars' red screams?

Are you coming *here*
or do I have to go through the clock and the wall
to reach you?
Before I unleash your unconscious desire for slaughter.

Do I have to fill you
and go right under your skin
before you admit it
as the blood combines in an eternal river of fire
that will set our shared sky alight
for a historic dawn within this body?

Fravær

I. Jeg leder efter dig
mellem sengetøjets hviskende hvidhed
men jeg finder ingen.

(Sengetøjet hvisker om vort samvær)

Jeg går ud i nattens stumme sorthed
men da jeg vender tilbage ved daggry
fortæller allerede trappen mig
at du er gået.

(Natten tænker pa dig
og dit fravær får tingene til at tale)

II. Jeg elsker den del af dig som er i mig
for jeg kan ikke nå dig selv
der er for mange usagte ord
på de stille veje mellem os
som du gik ad da du gik.

Jeg taler med den del af mig
som er i tingene omkring mig
for jeg kan ikke nå mig selv
der er for megen nat
imellem mine øjne.
Hvis billede af dig
du tog med dig da du gik.

(Vort fravær fra hinanden
gør mit værelses ting hørbare)

Absence

I.   I look for you
between the whispering white sheets
but find no one.

       (The sheets whisper of our presence)

       I go out into the muted black night
but when I return at dawn
the stairs tell me
you're already gone.

       (The night thinks of you
and your absence makes everything talk)

II.   I love the part of you that is in me
for I cannot reach you myself
there are too many unspoken words
on the quiet paths between us
that you walked along when you left.

       I speak with the part of me
which is in everything around me
for I can't reach myself
there's too much night
between my eyes.
The picture of you
that you took when you left.

       (Our absence from each other
makes everything in my room audible)

Regn nat

Jeg hører regnen mod vinduet
den er så gennemsigtig
at den ikke ved det
men bare falder og falder
fordi den tiltrækkes af jorden
og dens løfter om medvær i væksten
mens den holder grønne træer
og søer af vand
frem for sig.
Jeg hører regnen mod vinduet
der er sa gennemsigtigt
at jeg kan se den usynlige regn
i nattens sort
der bare er der
fordi den jager dagen
eller fordi jorden drejer rundt.
Nattens sort
der jager dagen og dens løfte om glød
mens den vil til at overskinne endnu noget jord
                                        med træer og vand
der tiltrækker natten
fordi den ved at dagen har været der
- den ser det i horisontens glød.

Rainy night

I hear the rain on the window
it's so transparent
it doesn't realise it
but simply falls and falls
because it's drawn to the earth
and its promises of participating in the growth
as it holds out green trees
and watery lakes
before it.
I hear the rain on the window
it's so transparent
that I can see the invisible rain
in the black of night
which is only there
because it's chasing the day
or because the earth is turning.
The black of night
which chases the day and its promise to glow
as it is about to shine over even more earth
                                       with trees and water
which attracts the night
because it knows the day has been there
– it can see it in the glow on the horizon.

Brev

Jeg sender regnen pr. brev
den trækker striber ned over vor fuldendthed
og gennemsigtige er dens toner i dur.
Jeg lader min hånd kærtegne
luftens filigranspind
det usynlige som kun kan mærkes
efter dage uden søvn.
Jeg ser dine tanker bag hudens gennemsigtighed
og lader dem synge så stille
en glidende sang om breve.
Jeg vil sove nu og i mine drømme vil du sove
og vi vil lade regnen høre op
filigranspindet svæve bort
og huden blive hud.

Dette er noget vi gør én gang om året
når luftens klarhed tillader det
digtet kræver det
og stærke ord er unødvendige
- ellers ikke.

Letter

I send the rain by post
it's streaming down on our perfection
its tones transparent in major.
I let my hand caress
the air's filigree web
invisible which can only be felt
after days without sleep.
I can see your thoughts behind the transparent skin
and I let them sing so quietly
a sliding song about letters.
I'll sleep now and in my dreams you'll sleep
and we'll make the rain stop
the filigree web floats away
and the skin becomes skin.

This we do once a year
when the clearness of the air allows it
the poem demands it
and strong words are unnecessary
– otherwise not.

Rummet

I rummet er en dør
som aldrig åbnes
et vindue hvor gardinerne
altid er trukket for

rummet udgøres af
fire vægge, et loft og et gulv
ingen af disse flader brydes nogensinde

kun luften i rummet
åbnes, afdækkes, brydes
af og til

når skikkelsen midt i rummet
bevæger sig, rejser sig
går frem og tilbage
og sætter sig igen

for at læse i en bog
i dag en uden bogstaver
som alle dage i øvrigt

eller for at tale lidt med sig selv
i nat uden ord
som alle nætter i øvrigt

pludselig går døren op
skikkelsen farer op
dette er aldrig hændt før

The Room

In the room there's a door
that's never opened
a window where the curtains
are always drawn

the room consists of
four walls, a ceiling and a floor
none of these surfaces are ever broken

only the air in the room
is opened, exposed, broken
now and again

when the figure in the middle of the room
stirs, stands up
walks back and forth
and sits down again

to read a book
one without letters today
like every other day for that matter

or to soliloquise a little
without words tonight
like every other night for that matter

suddenly the door flies open
the figure jumps up
this has never happened before

i dørabningen står Ingen
og ler lydløst

Ingen er alene
men Ingen går ikke ind
står bare og ler

skikkelsen river gardinerne til side
åbner vinduet
og kaster sig ud i tomheden

standing in the doorway is No one
laughing soundlessly

No one is alone
but No one doesn't go in
just stands laughing

the figure tears the curtains aside
opens the window
and leaps into the void

Børn af den tavse tid

Børnene af den tavse tid
taler aldrig om verden.
Børnene af den tavse tid
ser ud som om de ser.
Men de drømmer og drømmer
om livet
og lever stumt i drømmen
sover i fosterstilling
tænker kun når lyset bliver for skarpt.

Børnene af den tavse tid
er bange for farverne.
Børnene af den tavse tid
skeler til hinanden når de ser.
Hvisker lavmælt om En
med kosmisk mascara
en drømmer som de
men drømmende om en verden
hvor alle børnene sang.

Børnene af den tavse tid
er bange for ham og øjnene.
Børnene af den tavse tid
de ser han ser deres angst.
Han ved de frygter de smukke billeder
han græder men ikke skjult som de
han prøver at tale
men deres massive tavshed
skubber ordene ned i hans hals.

Children of the silent age

The children of the silent age
never talk about the world.
The children of the silent age
look like they are looking.
But they dream and dream
about life
living mutely in the dream
sleeping in the foetal position
only thinking when the light gets too bright.

The children of the silent age
are afraid of colours.
The children of the silent age
squint at each other when they look.
Whisper quietly about the One
with cosmic mascara
a dreamer like them
but dreaming about a world
where all the children sang.

The children of the silent age
are afraid of him and his eyes.
The children of the silent age
they see he sees their fear.
He knows they fear beautiful pictures
he cries but not in secret like them
he tries to speak
but their massive silence
forces the words down his throat.

Børnene af den tavse tid
tør aldrig stå alene.
Børnene af den tavse tid
ser ned mod jorden, ser deres angst.
De ved bag deres øjne
at himlen vil revne en dag.
De har drømt om natten
at de kom fra stjernerne. Men de siger intet.

Børnene af den tavse tid
ligner alle hinanden.
Børnene af den tavse tid
ligner alle hinanden
gentager de for sig selv.
De lever ikke nok til at dø
deres horisont er et punkt.
De tør ikke være sig selv
allerhøjst hinanden
hører aldrig regnen falde
kun urets afskårne sekunder
der falder tungt til jorden.
Børnene af den tavse tid
ser alting i sort og hvidt
farver får de kun fra skærmen
som de tror er virkelig.
Børnene af den tavse tid
nu kvæler de En
han så for meget på dem.
Børnene af den tavse tid
nu har de levet nok...

The children of the silent age
are afraid to stand alone.
The children of the silent age
look down at the ground, see their fear.
They know behind their eyes
that the sky will rupture one day.
At night they dreamed
they came from the stars. But they say nothing.

The children of the silent age
all look alike.
The children of the silent age
all look alike
they repeat to themselves.
They don't live enough to die
their horizon is a dot.
They're afraid to be themselves
at most each other
they never hear the rain fall
only the truncated seconds of the clock
falling heavily to the ground.
The children of the silent age
see everything in black and white
the only colours they get are from the screen
which they think is real.
The children of the silent age
now they are choking the One
he looked at them too much.
The children of the silent age
now they've lived enough...

Nye dage

Dagen slænger sig nonchalant over verden
og betragter afslappet intenst horisonten
hvorfra nye dage er pa vej.
Nye dage med nye stemmer
der stiger stærkere og højere
for hver passeret nat
med dens styrkende, altindebærende omfavnelse af jorden.
Kun lyset fra månen og stjernerne
- men hvilket lys.

Hvilket livgivende lys
fra stjernernes evige dage
der omfavner jorden under søvnen.
Hvilken gødning fra søvnen
når længslerne løber frit bag øjnene
mens dit ansigt er uskyldigt som et spædbarns.
Her er du dig selv.
Du kunne aldrig dræbe.

Sortheden, lyset og drømmenes gødning.

Styrke...
Til de nye dages stemmer
der nu spirer op
slående rødder i jorden
groende til fantastiske planter
der synger summende, sanser med alle blade
nye ukendte ord, gamle kendte sanser
i nye frugtbare forbindelser...

New days

The day sprawls nonchalantly over the world
casually intensely observing the horizon
from where new days are coming.
New days with new voices
growing stronger and louder
with every passing night
with its invigorating, all-encompassing embrace of the Earth.
With only the light of the moon and the stars
- but such light.

Such life-giving light
from the stars' eternal days
embracing the Earth in their sleep.
Such fertiliser through sleep
when longings flow freely behind the eyes
while your face is as innocent as a newborn's.
Here you're yourself.
You could never kill.

The blackness, the light, and the fertiliser of dreams.

Strength...
For the new days' voices
now sprouting up
taking root in the ground
growing into fantastic plants
singing thrumming, sensing with every leaf
new unfamiliar words, old familiar senses
in new fruitful connections...

Højere, højere, højere
gror stemmerne i fuldendt harmoni
blå, røde, grønne toner toner over verden
og indvarsler det nye:
»Vi er frugten af nattens fortrængninger
vi er det glemte i mørket.
Vi er dem der troede pa stjernerne
vi er dem der elskede drømmene trofast intuitive
mens andre lod dem blegne
i dagens smukke lys.

Nu er vi kommet til verden
og verden er kommet til os
vore rødder stikker dybt.
Se vore grønne blade
se vore toners farver
se vore kroppes blødhed
vore sansers voksen
og ordene i forbindelser
som andre glemte i fremtiden.
Se hvor vi bliver højere og højere
himlen støtter sig til os
for vi er de nye dage.«

Louder, louder, louder
the voices grow, in perfect harmony
blue, red, green tones sound across the world
heralding what is new:
'We are the fruit of the night's repressions
we are what's forgotten in the dark.
We are those who believed in the stars
we are those who loved the dreams faithfully, intuitively
while others made them pale
in the beautiful light of day.

Now we've come to the world
and the world has come to us
our roots run deep.
See our green leaves
see the colours of our tones
see the softness of our bodies
the growth of our senses
and words in connections
that others forgot in future.
See how we get taller and taller
the sky leans against us
for we are the new days.'

Til F. P. Jac

I. Under søvnen er visionerne koncentreret
om dit sinds vakuum
og du ånder ud:
Tanker for det nye.

De svæver rundt
og søger så igen dit sinds vakuum.

Endnu har de ikke fundet en tid
uden rummets kopi.
Endnu har de ikke fundet et rum
uden tidens gentagelse.

II. Vi er de fortabte
midt i tomrummet mellem ruinerne og det
genopbyggede.
Vi er derfor også genopbygningen
- tomrummet mellem stilladsets stålbjælker.

Vi er luftens renhed
der summer af uindåndet ilt
- renset af kriges udladninger
som efter et tordenvejr.

Vi vil blive indåndet
af beboerne
af det genopbyggede.
Vi er det endnu ikke sete.

To F. P. Jac

I.   While asleep the visions are concentrated
around the vacuum of your mind
and you exhale:
Thoughts of what is new.

           They float around
and again seek the vacuum of your mind.

           Still they haven't found a time
without space's copy
Still they haven't found a space
without time's repetition.

II.   We are the lost ones
in the middle of the void between the ruins and the
                                          reconstructed.
So we are also the reconstruction
– the void between the scaffolding's metal bars.

           We are the purity of the air
buzzing with uninhaled oxygen
– purified by wars' discharges
as after a thunderstorm.

           We will be inhaled
by the inhabitants
of the reconstructed.
We are what hasn't yet been seen.

III.   Vore tilstande bliver til handlinger
mens vi fortsætter med at forblive ændrende
os selv og virkeligheden
fra her til horisontens cirkel.
Vi er centrum for det nye
vi er her, hvorfra planerne føres ud i livet
som radier
mens vi fortsætter med at omfavne cirklen
med vore lange arme og fingre
og former den til noget endnu mere rundt.

Vore fingerspidser mødes
i en omfavnelse af luften.
Vore øjne ser mønstre
af en udvikling træde frem.
Vore ører hører den klingende lyd
af vore ord
der spiller på dette luftgitter.

Kan du dufte materialets skinnende farve
som en blomstrende kvinde i sten.

IV.   I stedet for kedelige betragtninger over begivenhederne
efter at de har fundet sted
- dramatiske og farlige udforskninger af tingenes kim!

Nogle vil blive til hirse
andre igen til kødædende planter.

Her kræves mod, klare øjne
og gartnerens behændighed
mens han med et smil pa spring i mundvigen
beskærer voldsomt en lille plante

III.   Our conditions become actions
as we continue to remain changing
ourselves and reality
from here to the circle of the horizon.
We are the centre of what is new
we are here, from where the planes extend outward
like radiuses
as we continue to embrace the circle
with our long arms and fingers
and shape it into something even rounder.

Our fingertips meet
in an embrace of the air.
Our eyes see patterns
of a development emerge.
Our ears hear the sonorous sound
of our words
playing on this air grid.

Can you smell the shining colour of the material
like a flowering woman of stone.

IV.   Instead of boring reflections on events
after they've unfolded
– dramatic and dangerous investigations into the seed of things!

Some will become millet
others carnivorous plants.

Courage is needed here, clear eyes
and a gardener's touch
as, with a smile lurking on his lips
he fiercely prunes a small plant

og kærtegner
uendeligt forsigtigt
et kæmpe træ med nye frugter.

and caresses
infinitely carefully
a huge tree bearing new fruit.

Generation

Står frem pa scenen
hverken han eller hun, hverken hæslig eller skøn
hverken virkelig eller uvirkelig
hverken ond eller god
hverken død eller stjerne.
Men alle begreber på en gang, i samme tid.
Her behøves ingen sufflør!
Og tæppet er kun med for et syns skyld.

Om jeg er alene ved jeg ikke
jeg har ikke tid til at se mig tilbage
jeg er for hurtig til det
jeg har ikke tiden med mig som begreb
og ønsker ikke at vende mig om
for jeg kender forandringen.
Jeg bemærker øjnes blinken i mørket.
Hvor stort et tidsrum scenen spænder over vides endnu ikke
der er ikke tid til at tegne cirkler
kun til at afsætte et centrum
her.

Nu
står den nye generation frem på scenen
for degenerationen sætter ind
og lader teatret gå i opløsning.
Lyset er der bare
det har ingen farve eller temperatur
og scenens rektangel har ingen udstrækning
udover det som ses.

Generation

Stand on the stage
neither he nor she, neither ugly nor beautiful
neither real nor unreal
neither bad nor good
neither dead nor star.
But all concepts at once, at the same time.
No prompter needed here!
And the curtain is only there for appearances.

I don't know if I'm alone
I don't have time to look back
I'm too quick to do that
Time is not on my side as a concept
and don't want to turn around
because I know change.
I notice the twinkling of eyes in the dark.
How great a period the stage spans is still unknown
there's no time to draw circles
only to mark out a centre
here.

Now
the new generation stands on the stage
because degeneration is setting in
and making the theatre decompose.
The light is simply there
it has no colour or temperature
and the rectangle of the stage has no extent
apart from what is visible.

Og
jeg venter stadig
men luften bag min ryg føles stærk
sitrende af snart udtalte ord og tanker.
Jeg læner mig trygt mod fremtiden
når jeg skal forsvare mig mod fortiden.

Og nu
mærker jeg publikums hviskende gispen
og øjne gløder herop
(et mord eller heltindens bryst?).

Jeg tror at tæppet kan gå...

And
I'm still waiting
but the air behind me feels strong
quivering with thoughts and words soon expressed.
I lean confidently into the future
when I have to defend myself from the past.

And now
I hear the whispering gasps of the audience
and eyes are glowing up here
(a murder or the heroine's chest?).

I believe the curtain can fall...

Prøvebillede

Jeg hilser den nye, blanke elektriskblå poesi
ved at åbne øjnene og udstøde et: »Maio-Zenevera-sesio!«
Med den ene hånd forsigtigt om dit hjerte
og den anden hånd fast om månen
svæver jeg her over byens indtrængende lys
og sanser med alle sanser
klart
radiobølgernes blå, røde summen gennem luften
fra hjerne til hjerte
fra hjerte til hjerne
i krydsforbindelser mellem alle
mellem alle sanser
alle sanser det
åbner øjnene og udstøder nye ord-ord og nu
summer det hele i klarttonende A
- blåt som T.V.s prøvebillede.

Test card

I greet the shiny new electric-blue poetry
by opening my eyes and uttering a: "Maio-Zenevera-sesio!"
With the one hand cautiously around your heart
and the other firmly around the moon
I drift here above the piercing lights of the city
and sense with all my senses
clearly
the blue, red hum of radio waves in the air
from brain to heart
from heart to brain
interconnecting with everything
with every sense
everyone senses it
opening the eyes and uttering new word-words and now
everything is humming in a clearly-sounding A
– blue like the TV's test card.

Det...

Det pulserer
som blodet fra en supernovastjernes liv og død
suger til sig
som et sort hul i mælkevejens vrimmel
af stjerner, pulsårer
der sender budskaber iltfriske fra gammel tid
som dine hænders budskab om det ældste af alt
så gammelt som øgler, som havet
og medfører nye erfaringer
sand og planter
der er tegnet på opbygning og groen
hobende sig op ved stranden, nat og dag
i nye former af muligheders groen
under solen, vor egen stjerne
under nattens forløb med sole i sort
i titusindvis
i nye farver
af muligheders indgydelse af håb for os
i nye elektriske farver
af radiosignalers sikkerhed
fortællende om tidens vækst og udviklingen
den evige deling som cellerne
de evige muligheder som sandets korn
eller havets tusinde dråber
grønne, blå - og røde
når vor klode drejer sig
og vor dagstjerne dukker op eller synker
bag den bølgende horisont
der kommer mod os med vind og strøm
og medbringer sandets erfaring
planter løfter om kommende oplevelser

It...

It pulsates
like the blood from the life and death of a supernova
sucks
like a black hole in the Milky Way's swarm
of stars, arteries
which send messages fresh with oxygen from of old
like the message of your hands about the oldest thing of all
old as lizards, old as the sea
bringing new experiences
sand and plants
which are the sign of structure and growth
accumulating on the beach, night and day
in new forms of possibilities' growth
under the Sun, our star
in the course of the night with suns in black
in tens of thousands
in new colours
of the infusion of possibilities of hope for us
in new electric colours
of the comforting radio signals
telling of the growth and development of time
the eternal division like the cells
the eternal possibilities like the grains of sand
or the thousand drops of the sea
green, blue – and red
when our globe turns
and our day-star rises or falls
behind the billowing horizon
coming toward us the with wind and the current
bringing the experience of the sand
plants' promises of coming experiences

der vibrerer i kroppens spændte forventen
der summer en sitren til sansernes åbning
og fornyer den gamle strøm
der medfører dybe anelsers dug
så gamle som øglens skrig
så nye som havets nyeste sand
så kommende: forventning og viden om glimt
af natsoles livsforløb
som fandt og finder og vil finde sted
i flugten mod nye dybder
de er gamle som dråber
vi ser dem i nat
de er nye som os
vi ser dem i morgen
når dagstjernen har rundet horisontens fremtid
der bølger imod os
og pulserer af liv
som suger os til sig
som radiosignaler
som farver i væld
drejer sig kalejdoskopisk
dukker op synker ned
som vor bevidstheds horisont
som blodets strøm
som havets strøm
som vibrerer i os
som summen af strøm
fra lyde og syn
der sitrer, pulserer, fortæller om os
fremkalder vor virkelighed
og *er* vor kærlighed.

that vibrate in the tense expectation of the body
buzzing and quivering to the opening of the senses
and renews the old current
that carries the dew of deep premonitions
as old as the cry of the lizard
new as the newest sand of the sea
then coming: expectation and knowledge of glimpses
of the life cycle of the night-suns
that took and take and will take place
in the flight toward new depths
they're old like drops
we see them tonight
they're new like us
we see them tomorrow
when the day-star has rounded the horizon's future
that surges toward us
pulsating with life
sucking us in
like radio signals
like a flood of colours
turning kaleidoscopically
rises falls
like the horizon of our mind
like the flow of blood
like the flow of the sea
that vibrates within us
like the buzzing of current
from sounds and sights
that quiver, pulsate, speak of us
evoke our reality
and *are* our love.

Nat

I sommer lå folk
og solbadede her.
Nu er her køligt
men stjernerne er også sole
og pa deres planeter skinner solen måske nu.
Tågen er meget lidt tåget
den hænger mellem træerne
ledning for tynde tanker?
Træernes blade er flest på jorden
visnede
genforenede
endnu en gang.
Nu på vej til muldstadiet.
Her er også elektrisk lys i parken
selvfølgelig.
Græssets blide vådhed
kærtegner mine fødder
og bladene...
Biler på vej i mørket
- kun få.
Himlen låner lys fra byen
- et mere harmonisk forhold til stjernerne
end i sommernattens kontrast.
Min ånde danner tågeskyer
på himlen er der ingen. Klarheden.
Selvfølgelig er jeg til...

Så fredeligt...
togets susen kun en bekræftelse
vinden blæser ikke i nat.

Night

Last summer people
were sunbathing here.
It's chilly here now
but the stars are suns too
and on their planets the sun might be shining now.
The fog is not very foggy
suspended among the trees
a conduit for thin thoughts?
The leaves of the trees are mainly on the ground
withered
reunited
once again.
Now bound for the decomposition stage.
There is also electric light here in the park
of course.
The gentle wetness of the grass
caresses my feet
and the leaves...
Cars on the road in the dark
– only a few.
The sky lends light from the city
– a more harmonic relationship with the stars
than in the contrast of the summer night.
My breath forms clouds of fog,
in the sky there are none. Clarity.
Of course I exist...

So peaceful...
the whooshing of the train merely a confirmation
that the wind isn't blowing tonight.

Selv farverne ikke engang *hvisker*
i dette blandingslys.

Mit hjertes rolige rytme
minder mig igen om mig

nu vil jeg gå hjem...
langsomt...
nattens kølige ro
følger mig på vej.
Da jeg når hjem er stjernerne der endnu.

The colours don't even *whisper*
in this mixed light.

My heart's steady rhythm
reminds me of myself again

I want to go home now...
slowly...
the cool calm night
accompanies me.
When I get home the stars are still there.

Det kommende

Det kommende
er bjerge i flammer af livslyst
og sangfugle der vil synge spinkelt og strerkt
om jordens genopstandelse.
Det kommende
er torden af stemmer
udråbt over byens før giftdrivende afgrunde
med styrken fra summen af alle sanser:
»Vi erobrer vor planet på ny
bryder de stivnede cementdatamaters billeder
af os.
Vi er det nye folk
vore sjæle synger vi ud
så bedragernes og magthavernes middelmådighed
vil briste i stykker og angst.
Vi er den nye klarhed
vundet i kampen mod maskinerne
vi er den nye skaberkraft
der skaber skønhed og evighed
af ruinerne fra det gamle
i teknologien, i naturen
i videnskaben, i kunsten
i enighed...
(i byen. i verdensrummet!).«
Det kommende
er sejren og visdommen
vundet ved barnets sang
om blomstens elektriske bølgesignal.
Det kommende
er det nye/gamle

The coming

The coming
are mountains aflame with a zest for life
and songbirds wanting to sing frail and strong
of the earth's resurrection.
The coming
are the thunder of voices
proclaimed over the chasms of the city, once aflow with poison
with the strength from the sum of all senses:
'We conquer our planet anew
crack the concrete computer's hardened pictures
of us.
We are the new people
with our souls we sing out
so that the mediocrity of the imposters and of the powerful
will end in pieces and fear.
We are the new clarity
won in the fight against the machines
we are the new creative power
creating beauty and eternity
from the ruins of the old
in technology, in nature
in science, in art
in agreement...
(in the city. in space!).'
The coming
are the victory and wisdom
won through the child's song
about the electric wave signal of the flower.
The coming
are the new/old

det fremmede/selvfølgelige/kendte
erkendelsen af helets sammenhæng
fundet i venskab og ord
mellem stjerner og folk fra verden

the strange/obvious/known
the awareness of everything's connection
found in friendship and words
between stars and people of the world

Also by Nordisk Books

Havoc
Tom Kristensen

*You can't betray your best friend
and learn to sing at the same time*
Kim Hiorthøy

Love/War
Ebba Witt-Brattström

Zero
Gine Cornelia Pedersen

Termin
Henrik Nor-Hansen

Transfer Window
Maria Gerhardt

Inlands
Elin Willows

Restless
Kenneth Moe

We'll Call You
Jacob Sundberg

Fixed Ideas
Eline Lund Fjæren